뜨거운 이름 하나

김동순 제3 시집

뜨거운 이름 하나

김동순 제3 시집

시인의 말

나는 고희가 된 오늘까지 항상 긍정하는 삶을 지향했다.
바람이 불면 바람 불어 좋은 생각을 하고, 비가 오면 비가 와주니 좋은 생각을 떠올리며 봄엔 꽃들의 웃음을 맞이하며 웃었고, 여름이면 뜨거운 열기에 땀 흘리게 되니 젖은 몸에 시원한 샤워 꼭지의 물세례를 받으며 씻는 즐거움을 상상하였다.

인생의 겨울같이 힘이 든다, 고통스럽다, 괴롭다고 말하는 것은 말이 씨가 되어 되돌아오는 우주의 법칙을 늘 새기며 살아내곤 하였다.

삶이란 무엇인가를 항상 마음으로 음미하며 무엇인가를 이루고자 함보다는 이 나이가 되다 보니 대단한 철학은 아니어도 성공이라는 두 글자 대신 그야말로 "well dying"을 생각하지 않을 수가 없다.
잘 살았다는 말과 함께 어쩌면 잘 가야 한다는 생각을 하게 된 것이다.

이번 제3 시집은 필생의 역작을 남기고 싶다는 욕망보다는 내 인생을 어떻게 살아내었는지 자연을 보며 관조하는 마음, 물 흐르듯이 물 따라 강 따라 흐르고 지나가는 과객이라는 생각을 하게 되었다.

스치는 바람처럼 지금 이 순간을 어떻게 선택하여 과거의 나를 돌아보는 순간으로 삼고 씻겨내고 가지고 갈 것이 없는 인생사, 그저 현재를 사랑하고, 어떻게 마무리를 지어야 할까 생각하며 이야기를 하였다.

봄꽃 하얗게 위로하는 사월
김동순

4 ·· 시인의말

목차

1부 · Hail Mary

17 ·· Hail Mary
18 ·· 가을 여행
19 ·· 고진감래
20 ·· 그냥 그대로
21 ·· 꽃
22 ·· 꽃잠 깨우는 봄비
23 ·· 낙엽 같은 날들
24 ·· 내 안의 겨울
25 ·· 님은 먼 곳에
26 ·· 두려운 幻影
27 ·· 無鳴
28 ·· 바람 불더라도

2부 · 바람 손

31 ·· 바람 손
32 ·· 바람에 하던 말
34 ·· 빛을 담아서 닮아
35 ·· 벗이여
36 ·· 사랑이 온다면
37 ·· 새벽 출근
38 ·· 세상사
39 ·· 순환
40 ·· 순백 세상
41 ·· 싸락눈 추억 한 페이지
42 ·· 요셉의 꿈
43 ·· 이 풍진 세상
44 ·· 호박꽃 자찬
45 ·· 호수 위의 봄
46 ·· 황혼
47 ·· 발코니에 앉아서
48 ·· 하냥 가자

3부 · 가을 훼방꾼

51 ¨ 가을 훼방꾼
52 ¨ 군밤 추억
53 ¨ 꽃이 되어 가고픈 그대
54 ¨ 너 안에 나
55 ¨ 메마른 초평호
56 ¨ 봄날의 꿈
57 ¨ 비움의 기다림
58 ¨ 산수화
59 ¨ 생은 흐른다
60 ¨ 수선화
61 ¨ 오송 연제리 호수
62 ¨ 요즘 추석
63 ¨ 은하수의 봄꿈
64 ¨ 인생의 4계
65 ¨ 코로나19
66 ¨ 흔들리는 갈대

4부 · 가슴앓이

69 ·· 가슴앓이
70 ·· 가슴은 아직 봄인데
71 ·· 내 별 찾는 밤
72 ·· 늙지 않는 밝음으로
73 ·· 어머니의 城
74 ·· 무지개의 꿈
75 ·· 민심
76 ·· 비가 내리면
77 ·· 생의 부활
78 ·· 숲속의 요정 같던 날
79 ·· 여름날의 하루
80 ·· 일어서리라
81 ·· 초여름 비와 함께
82 ·· 향내 나는 여인

5부 · 객

85 ·· 객
86 ·· 그리운 사람아
87 ·· 나들목 갈대밭
88 ·· 동토의 마음에
89 ·· 물빛 하늘
90 ·· 바람의 사연
91 ·· 삶이여
92 ·· 새벽을 열고
93 ·· 소금이 되기까지
94 ·· 소년에게서
95 ·· 시원한 소나기
96 ·· 시인 바리스타
97 ·· 에덴의 불꽃
98 ·· 님은 그곳에
99 ·· 창공을 넘어
100 ·· 해 해 년 년

6부 · 4계가 다 좋아

103 ¨ 4계가 다 좋아
104 ¨ 겨울 인내
105 ¨ 꽃 미소
106 ¨ 메밀 꽃밭
107 ¨ 무지개 언약
108 ¨ 바다의 교향시
109 ¨ 봄밤의 소야곡
110 ¨ 봄밤의 추억
111 ¨ 어둠을 딛고
112 ¨ 님의 눈길

7부 · 개구리 꿈

115 ·· 개구리 꿈
116 ·· 고향길
117 ·· 꽃 피는 마음
118 ·· 내 고향 초정리 샘
119 ·· 눈 밟으며
120 ·· 뜨거운 이름 하나
121 ·· 빛이여
122 ·· 思慕 曲
123 ·· 님의 불
124 ·· 홀씨처럼
125 ·· 흐르는 인연
126 ·· 푸른 초장의 하루

8부 · 가로수의 속삭임

129 ¨ 가로수의 속삭임
130 ¨ 기운을 차리고
131 ¨ 독백
132 ¨ 뒤안길
133 ¨ 못 잊어
134 ¨ 묵은지 이야기
135 ¨ 서성이는 여인
136 ¨ 영원한 꽃
137 ¨ 외로운 여인
138 ¨ 요양 보호사 일기
139 ¨ 우산
140 ¨ 편지 한 장

9부 · 古稀에 쓴 시집

143 ·· 古稀에 쓴 시집
144 ·· 늙지 않을 자화상
145 ·· 바람결 잎 사이
146 ·· 백합꽃 당신
147 ·· 사계의 자화상
148 ·· 삶의 수레바퀴
149 ·· 새 아침의 노래
150 ·· 세월은 어머니의 강
151 ·· 속리산의 가을 행진곡
152 ·· 시인의 뜰
153 ·· 쓸쓸한 날에
154 ·· 익어간다
155 ·· 태풍이 불면

축하의 말

156 ·· 김동순 시인의 제3 시집 출간에 바치는 노래
161 ·· 시집, "뜨거운 이름 하나" 축하하며
165 ·· 축하의 글
167 ·· 딸이 보내드리는 축하의 글

1부

Hail Mary

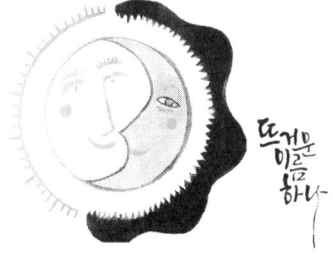

Hail Mary

아베마리아!
지상에서, 천상에서 어머니십니다
고귀하신 어머니의 품에서 아베! 아베!

간절한 마음은 그리스도를 잉태하셨듯
내 안에서도 이루어지게 하소서
어둠의 현상을 벗겨냄으로 하옵소서

이 생명 멈추지 않는 강물 되어
샘솟는 생명수로 흐르게 하소서

혜량惠諒할 수 없는 사랑의 빛으로
고요하게 빛남으로 피어난
시들지 않는 영원한 꽃이 되게 하소서.

가을 여행

만물이 익어가는 가을날의 풍경
즐비하게 꽃들이 손짓한다

만산은 너를 품고 행복한 미소를 보낸다
한 폭 산수화처럼 이산 저산 겹쳐진 그림

언덕배기 들국화 제 몸 사르며 품어내는 향
그리어가던 발길 멈추고 너를 만지게 한다

나는 시간을 지나 집 떠나온 여기 서서
새로운 나를 보기 위해 너를 찾아왔노라.

고진감래

함께할 수 있었던 여정
지난날 반추해보며

비행기 활주로처럼 활짝 열린 날도
뭔지 모를 텅 빈 아픔

미로같이 꼬인 날들도
칠흑처럼 어두운 밤도
희망으로 꿈꾸었지

마음을 만들면 몸은 따라서
달빛에 흐르는 구름이 되고

햇살이 깃들면
고진감래로 돌아오겠지

그냥 그대로

한결같음으로
살기란 쉽지 않지만

생의 여정들
희로애락 요철들이
닥치더라도 잠잠하리

때로 기쁨이든 슬픔이든
스치고 지나는 바람이든

밀려오는 파도마저
그냥 그대로 타고 가야지

그냥 그대로
그냥 그대로

탓할 것 찾지도 않고
지금 서있는 그대로
그냥 그대로 살리라.

꽃

아름다운 꽃이여
너를 키워준 날들을 기뻐하라
해님도 달님도 서로를 돌보나니

키워주는 님에게 기쁨이 되어

피어있는 꽃을
훼방하지 말아라
바람이여!

꽃잠 깨우는 봄비

봄비는 꽃들 잠 깨라
한낮을 빛 가리개로 포근히 얼싸안고
속삭여주느라 온종일 바쁘게 내린다

이젠 정신이 들었겠지 꽃들아 어서 일어나거라
눈 서리 날리던 늦겨울 밤빛은 시리었건만
일어나거라 속삭임 다정하기도 하여라

봄을 재촉하는 비가 반갑기만 하여라.

낙엽 같은 날들

한여름 푸르고 푸른
눈빛으로 빛나던 때가 있었다
너른 풀잎 초장 가슴이 아쉽구나

아, 꿈이었는가
멋 내며 좋아하던 그날들이
한잎 두잎 흩어진 낙엽이어라.

내 안의 겨울

내 안에 겨울이 살고 있었다
그 겨울은 미로뿐이었고
걷다가 지친 나날의 몸부림

따뜻한 봄날을 찾아 더듬이 뻗쳐보아도
앞을 가리며 휘날리는
매몰찬 눈보라 가시지 않는다

피할 수 없어 가슴에 담던 날들이여
벌거숭이 앙상한 가지마다 찬바람 스며들 때
밤 지샌 외톨이 하얀 새 한 마리였지

님은 먼 곳에

호수는 차고 차서
가슴 열고 넘쳐 흐르건만

님은 먼 곳에 앉아
메마른 가슴 사막을 만들고

카페 창가를 응시하는
물빛 드리운 호숫가

아파트 그늘이
애처롭게 사로잡는구나

두려운 幻影

고뇌의 밤이 밀려와
창문을 열어보았다

잉크빛으로 세상은
돌아 흐르고 있네

정결함을 볼 수 없네
송두리째 삼켜버리고
점점 더 깊어만 가네

아,
왜 그리도 불편할꼬

邪惡~邪惡~소리
귀에 맴도는구나
성난 얼굴 찌푸린 얼굴

어두운 밤 고요히
편히 잠들게 하소서

無鳴

그대는 한 줄기 섬광처럼
푸른빛 찬연함으로 내게로 왔지

無鳴
소리 없는 속삭임이었지
그건 차라리 전율이었어

이슬비에 베적삼 적시듯
나를 물먹은 솜처럼 적셔버렸어

때론 쏟아지는 소나기 같은
천둥과 번개가 따로 없었지
쿵쾅거림으로 심장이 포개어진 사랑

바람 불더라도

바람이 불더라도
지나가며 불더라도
날아가며 불더라도
휘이익 스치며 불더라도

겨처럼 날아가지 말지니
힘센 그 바람에 휘어질지언정
꺾이지는 말아라

구름처럼 흘러 흘러
생명은 강이 되어 흐르나니
헛된 꿈 부여잡고
수레에 떠밀고 가느니
흐르게 놔둬라

만난 인연들의 반짝이는 순간
부러워도 마라
차라리 어울리며 별이 되어라.

2부

바람 손

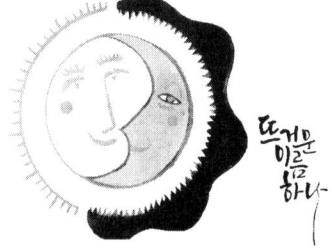

바람 손

파란 하늘 높게 떠가는 구름
이끌어가는 이 누구인가
바람에 손이 있었는가

길가에 핀 들꽃 하늘하늘
바람 손 되어
흔들흔들 춤추게 한다

살랑살랑 가을바람은
노란 들녘의 허수아비 얼굴도
풍요로워 미소 짓게 하는구나

바람은 그렇게
손 되어 사람 마음마저
어루만져 풍요롭게 하는구나.

바람에 하던 말

익혀주던 가을바람이 지나가고
감추고 피하고 싶은 겨울이면

불어오는 바람도 싫다
네 몸 내 몸 사이사이 스미어
앗아가는 열기 감싸며 살았고

추억 속 초가삼간 문지방 틈새
황소바람 막아 안온하게 해주는
문풍지 사연

네가 있어
이야기 들려주고 가는 바람
계절의 마디마디 느낄 수 있었지

저기 날개짓하는 한 마리 새
너는 어디에서 왔다 어디로 가는 길이냐
온 천하 만상 구경하니 외롭지 않겠지

그래도 난 추워서
마음 안온케 해주는
예쁜 문풍지를 붙일 거야

바람은 언제나 내 이야기
못다 듣고 듣다 말고
바깥으로 새어 나가 버린다.

빛을 담아서 닮아

웃고 있는 꽃 이름들
사랑하여 행복한 너희의 이름
쏟아주는 하늘빛을 담아서
생긴 대로 웃음을 줄뿐이건만

누구에게라도 손 내밀고 웃고 있으니
그러니 누구든지 너를 보면 웃는다

그래서 꽃인 사랑이라 카메라셔터를 누르는
사람마다 너에게 마음이 박이는 것이리

그대는 아는가
하늘 사랑 담아서 아름다운 꽃 피우는 것을

벗이여

모진 세월도 흐르고 보니
한 뼘 인생
덧정 없이 흘러갔노니

내게 벗이 있었던가
아낌없이 삭제해야만 했고
다시 찾아온
새로운 경험의 신세계 탄생했다

누구도 닫을 수 없는 문이 열리고
방긋 웃는 천지여
여인의 일생 사내들처럼 천하를 얻은들
섬길 수 있는 날까지 당신을 섬기리라

영원한 벗 나의 친구 동반자여

사랑이 온다면

그대의 이름 간절히 부르다가
오지 않으면 바람에 날려 보내고도
또다시 기다리는 소망을 꿈꿉니다

웃고 있어도 목마름의 인고의 시간
인생의 꽃 피운다는 것은 그러합니다

바람이 전해오는 소식 듣고
꽃은 사랑 위해 결실을 기다리며
달콤한 샘 준비하는 거랍니다

새벽 출근

여명이 밝아오는데
밀려오는 적막감은
고요 속에 고독을 쓸고 있구나

새벽을 여는 기지개와 함께
아침의 새들처럼 털어내고

밝음을 보듬어 안고
어제의 지친 숨소리 지우고

아침 출근길의 군상들
아직 다 털지 못한 피로를 달고
발걸음 재촉하는구나

세상사

흐르는 강물은 제 혼자 흐르지 않고
자갈과 쓰레기도
거기 사는 물고기도 안고 흐른다

그 속에서 부대끼며
아옹다옹 깎이며 묵히지 않고

흐르는 물속에 붙여진 이름
세월이 빚고 깎아준 대로
하나의 이름 되어 세상이라 부른다

순환

꽃이여
땅이 돌지 않는다면
너의 아름다움이 그 누구에게
빛이 되겠는가

그대 마음에
피어있는 꽃을
꺾지 말아라

바람이여
그대가 힘자랑한들
순리대로 부는 내력을 알지라.

순백 세상

우수 절기 이틀 앞 새벽
반복되는 길을 밟으며 간다

함박눈 펑펑—

봄기운이 마냥 이마를 간지럽히는데
바람 한 점 없어도 나선을 그리며
내 얼굴 체온이 너를 녹인다

판타지가 따로 없어라
오~오 oh Happy day
소란스럽던 자동차 소음도 잠잠한

순백 물들여 길이 사라진 온 세상
나 홀로 걷는 이 길을 지운다

싸락눈 추억 한 페이지

하얀 싸락눈 미끄럼 타며
쏟아지는 소리 싸~싸라
바람에 흩어지는데

한 소년의 추억은
쌀이었기 바라던 시절이었다는데

이 아침 떨어지는 싸락눈
길이 빗물 되어버리고
작은 시름 소리 맴도는구나

그 시절 소년의 학교 길은
싸락눈 녹아 흐르는 눈물이 되었겠구나

요셉의 꿈

뜬 눈이 없었으니
어둠 속을 걸었소

어스름 달빛마저 기댈 수 없었던
딸을 기다린 심청의 부친이었더라면
차라리 밤은 아니었을 거야

나는 그날들을 대신하여 찾아올
아침을 보려 기다리고 기다린 간절함

세상살이 더 나음을 위함이 아닌
요셉의 꿈처럼 기다린 그 아침을
당신과 함께 가려 하네요

이 풍진 세상

숱한 세상살이
숱한 인연 속에서
숱하게 많은 만남과 헤어짐

그들과 주고받았던 교감들은
흐르는 구름처럼 지나가고
추억을 그리워하노라니

신나는 일들이야 있겠냐마는
힘겹게 돌려대던 보리 탈곡기
원동력 찾아 새날을 꿈꾸어보자

힘든 일은 불어주는 바람에 날려보내고
우울할 땐 파란 하늘 보고 웃어버려요

산전수전 공중전 경험한 만큼
노련하게 살아보세나

호박꽃 자찬

왜 나를 임들은 못생겼다 타박하죠
나도 꽃이건만
그냥 못생겼어도 내 능력을 아시나요

내겐 넉넉한 미소
천부의 은총 입은 오 각잎, 은발꽃술은
생명을 지켜내는 저의 유능함입니다

풍성한 꿀샘도 있어서
봄날엔 벌 나비들에게
축제를 선물하지요

사람들은 내가 못생겼어도
내가 낳아 기른 호박이
넝쿨째 굴러든다 하지요

크게 벌린 웃음꽃은
못생겨서 미안하지만
나는 나로 만족합니다.

호수 위의 봄

밤빛은 수를 놓는다
잔잔한 호수 위에 야경은 한 폭의 그림
둘레둘레 오손도손 서 있는
빌딩 숲이 그린 밤꽃입니다

그려진 물 위로 강 오리들
짝을 이뤄 한밤 데이트를 즐긴다

한낮엔 노란 개나리 물들이고
목련화의 하얀 얼굴은
화장기 없는 순백의 봄 처녀오

살랑대는 버들은
봄 색시 치맛자락 펼쳐 들고
사뿐사뿐 춤추는 곳
호숫가의 사랑은 그렇게 달콤하여라.

황혼

문풍지 틈에서 바람 스미듯
손 시리고 발도 시리고
아이고 삭신이야

봄꽃이 웃어주며
예쁜 새 한 마리 날아가도
눈엔 눈물이 고이네

발코니에 앉아서

아파트 우리 집 정원
나나후크미니가
방긋방긋 웃고 있었다

사랑초도 빙그레 손짓하고
산세베리아는 반갑다 오라하고
동양란은 안녕하고
서양란도 덩달아 굿모닝

식물, 꽃들이 오손도손
맑은 가락으로 합창하듯 미소 짓고
나는 감미로운 찻잔을 들고
행복한 미소로 함께 웃는다

하냥 가자

충청도 사람 특유의 방언
하냥 가자

이렇게 이름 지은
연제리 작은 호숫가 언저리에 눌러앉은 집
직원도 없이 혼자 운영하는 카페

거기에 나는 가끔
함께하는 벗과 하냥 와서
2층 테라스 풍경을 내려다보며
도시의 자화상 아파트 물그림자
사진도 찍고 시 쓰며 호수의 낭만을 즐긴다

누구랑 하냥 있으면 늘 즐거운 집
때로는 연인들
진달래 색 눈빛 주고받는 낭만의 카페

3부

가을 훼방꾼

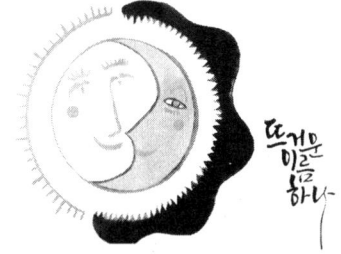

가을 훼방꾼

검은 빗속 길을 걸어봅니다

꽃은 졌지만 고운 빛 피어나는
단풍잎 훼방하는 비를 맞으며
가을 여행을 떠났습니다

불타던 낙엽 한잎 두잎
야속한 바람에 흩어지며
토설하는 아픔은 검은 비입니다

얄미운 가을비에게
붉게 물들인 청춘 돌려달라 합니다
바람에 고운 낙엽 흩어집니다

길바닥에 몸부림치듯 뒹구르며
젖을 수밖에 없습니다
가을비는 분수없이 차갑게 스며듭니다

군밤 추억

흰 눈 뽀얗게 내린 빙판 사거리에
군밤 장사 연기 나던 낭만의 거리

손바닥 호호 불어 한입에 넣어주며
따뜻한 인연이 되어가던

톡톡 노란 밤톨
장작불에 익어가는 길목에서

정이 묻어나는 밤톨 밑그림을
당신에게 전하려 합니다

꽃이 되어 가고픈 그대

가을이라는 계절에는
애인에게 편지를 쓰고 싶다지
누구라도 연인이 되어준다면
나는 꽃처럼 그에게 다가가리라

솜이불 같은 포근한 마음으로
장미 향 가득 담아
그에게로 가리라
따스한 봄빛 가슴 안고

너 안에 나

너를 그리다
나를 보았네

나를 지우니
네가 보였다

결국
우리는 하나였네

태초에 우리는
한 몸이었다.

메마른 초평호

태고의 신비처럼
속내를 감추고 출렁이던 너
배태시킨 생명으로 풍요를 주던 너

강처럼 바다처럼
넘실대던 물결 사라지고
바닥 속살 드러낸 흉물스러움

나자빠진 조각배 낚시 좌대는
타는 목마름 견디지 못해
꼼짝도 하지 않는다

어쩌랴
얕은 인심마저 속이 비면
삭막한 사막으로 변하는 것을

봄날의 꿈

자욱한 새벽안개 감싼
차향 가득한 찻집의 고요함
봄소식 알리는 청아한 새소리

차 한 잔을 앞에 놓고
당신 품에 기대어 눈 감고
계곡물소리 오솔길 마음으로 걷는다

한 폭 수채화 병풍 쳐놓은
쉼터의 아늑한 향 솔~솔솔

도란도란 이야기 나누는 평온
이른 아침 벌과 나비도
춤추며 빛 마중 나왔다

비움의 기다림

한 올 한 올 매듭 이어 짓는
한 구절의 시어는 그렇게 탄생하나니
자연과 인생의 사연들 엮는다

부르노라 그대의 이름
한 편의 시어를 탄생시키는
아름다운 고뇌는 생의 인연일까

잉태의 기다림으로
그대를 낳고자 하는 기쁨
빈자리에 오실 차례는 당신입니다.

산수화

4계절 자연에 놀러가면
해야 할 말

너희가 있어 여기에 왔지
고맙다고 말하세요

너희로 인해
추억을 만들고 마음에 새겨요
부푼 꿈 그릇에 담아 함께 나눠요

이웃과 함께 넉넉하게
곁에 두고 싶으나 놔두고 왔다

4계의 산야를 소유하고 싶은 욕심
그래서 화가들은 산수화를 그린다.

생은 흐른다

이른 새벽 눈을 크게 부릅뜨고
일터를 향해 길을 간다

삶이란 끊임없이 나아가는 것
생의 계절들을 잇고 이어서
마디마디 엮는 흐름 있는 공간들

겨울은 겨울대로 봄은 봄대로
궂은 날 비가 개어 맑은 날도

아픈 날에도 비 개어 맑은 날 기억하는
건강한 행복의 순간들도 있다

수선화

고개 숙인 채 겸손한 자태의 수선화는
청순한 아름다움 그대로입니다
환한 얼굴로 대낮의 빛을 품고 서 있습니다

하도 정갈하여 보는 이마다 경탄하지만
살포시 고개 숙인 네 모습이
조선 여인의 모습인지라

요즘 시대에는 아닌 자태야
그래도 이쁘기만 하여라

오송 연제리 호수

입춘이 코앞인 구정 오후
비가 내려 촉촉하더니
땅속 새싹들 만세 소리 들리듯
대지의 온기 받아 나온다

재잘거리는 소리가 귓전에
맴돌며 들려오네

봄을 알리는 소식 꾼
버들강아지도 눈을 비빈다

물 위에 강 오리들이
짝 지어 서로를 쓰다듬으며
정겨운 노래 부른다

행락객들 호숫가에 삼삼오오
풍경 바라보며 봄의 향기 취하네

요즘 추석

풍요로운 중추절
한가득 동심이 부풀어
앞마당 뒷마당 폴짝폴짝

꼬까옷 입고 신이 나 뛰놀던
그 시절이 어저께 같건만

가족의 해체를 염려하는 요즘
오순도순 온 가족 정 나누던 그때

황금벌판 참새 떼들의
풍요로운 지저귐이
도리어 부럽기만 하여라.

은하수의 봄꿈

푸르른 하늘 은하수 되어
봄 님 새 꿈 단장하고
세상에 얼굴 내민다

이제 나도 세상도
나무 닮은 님 되어
푸른 물결 넘치는
푸른 세상 은하수 되었네

푸른 파도 새파랗게 넘실대도
두렵지 않아
푸른 밀물, 파란 물결 안고 가는
썰물이 서로 정화해 주네

희망으로 넘실거리는
청록 담은 파란 바다가 된 마음
사람들 가슴마다
따스한 햇살이기를

인생의 4계

동면 속에 그리운 태양은
소생의 시간을 보답합니다

생명의 꽃들이 노래로 화답하며
잔칫집 마당을 만들어줍니다

어느새 오월은 봄을 넘겨주고
유월은 여름을 열어 바쁘기만 한 날들
칠팔월 땡볕을 선물받을 만하다

만물의 얼굴 익혀주는 여름은
가을을 청하고 땀 흘려야 할 시간
마다할 수가 없다

4계의 순환 고리
찰라를 놓치고 살 순 없으니
님이시여 그대에게 찾아온
생의 순환 의미를 알고 있는가요

모른다면 길을 물어야겠지요

코로나 19

天地를 입 다물게 하고
덧씌운 입마개 속에서 격동시키는 너

햇살 가득한 다정스러운 청명한 날이건만
도적 떼나, 강도가 하던 것을 법으로 하란다

너, 나 없이 입을 봉하고 우울한 채
묵묵부답 묵언 수행 중이다

손에 독화살을 거머쥐고서
야 인마 손도 발도 없이 바람 따라왔니
오랑캐가 따로 없구나

온 세상을 들어 삼키고 암흑暗黑 세상이구나
너로 인해 손잡고 쌔쌔할 틈도 없게 만들고
강제로 법제화 입을 막은 한심한 세상

흔들리는 갈대

슬프든지 기쁘든지
노래 부르게 하는 것을
바람이 울게 하였지요

저마다 흔들거리는 것은
또한 바람 때문이겠지요

바람은 항상 울고 웃게 하고
안에서 불 때가 있지요

창밖에서 거세게 불더라도
그대는 울기도 웃기도 하지요

그것은 당신이 흔들리는 갈대이기에
차가운 강바람에 옷을 여미어
따뜻하게 품어줄 그는 어디에도 없고

갈대에 이는 바람
그 바람이
나를 세차게 흔들고 있네요

4부

가슴앓이

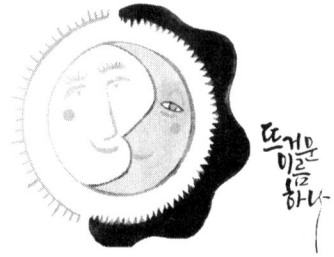

가슴앓이

베란다 화분 속 가시 돋은 장미 한 뿌리
며칠 돌보지 못해서 미안하다
목마름에 시름시름 지친 네 모습
가시만 앙상하구나

파김치 되어 지친 내 모습 같아 밉상이구나
피지 못한 꽃망울은 젖 싸개 속 늙은 꼭지 같고
너는 사내 손을 타지 못한 채 오그라든 젖망울
세워보려고 쓰다듬어도 소용없구나

채울 수 없는 갈증은
사람이나 식물이나 견디지 못하고
시들어버리니 진작에 쓰다듬어 줄 걸
손을 타고 어루만짐도 살아서 팔팔할 때지

오~~~오 너의 시름 소리
듣지 못하고 한눈 파는 사내처럼
잠시 눈, 귀먹은 놈이였구나

가슴은 아직 봄인데

새벽이 밝아오는 잰걸음으로
일터에 와서 커피 한 모금 입에 물고
향취 흠뻑 마신다

하루의 시작을 이렇게 살기 위해
한 잔의 커피로 몸을 풀며
온기 돋우어 눈을 감는다

한잎 두잎 떨어지는 낙엽이
커피잔 속에 애잔하게 내려앉는다

산에 오른 심정
가을 낙엽 심상

계절의 무상함도 상념으로 지나고 말겠지
삶이라는 계절, 이 가을은 익어가건만
난 아직 봄이 한없이 그리울 뿐이다

내 별 찾는 밤

자정 무렵이면 나는 늘
창을 열고 하늘을 본다

밤하늘의
나의 별을 찾는다
저 별은 내 별일까

사시사철 언제나 당신의 시를 쓰며
구름 짙은 날에도 옅은 안개구름 사이
희미함 속에서도 눈앞에서 찬란히 빛나네

그때마다 나의 별을 만든다

오늘도 간절한 바람으로
내 별을 찾는 그리움 가득하다

늙지 않는 밝음으로

햇살이 밝은 얼굴 내밀어 주면
천지는 온통 웃음으로 반긴다

붉게 타오르는 그 얼굴
청춘의 빛깔로 세상을 얻고
너와 내 밝음도 온 우주에 빛난다

새벽을 볼 수 있는
생명에 감사하며
시작하는 아침

늙지 않는
밝음으로 햇살이
되려 합니다.

어머니의 城

나는 너로 인생의 전부를
기쁨이 되게 해주고 싶었다

한 모금 젖을 넘기는 모습 보면서
커가는 너의 걸음마에 얻었던 기쁨

세상 모든 걸 주고받아 성장하도록
잡은 손 함께 가고 싶었다

비록 내 품 멀리 떨어져 있어도
꿈엔들 잊겠냐마는

강에는 물 흐르고
산에는 나무들 성장하고

나의 늙음은 그저
익어가는 청춘이고 싶구나

무지개의 꿈

자욱하던 이른 아침 안개마저
달리는 철마에게 길을 내주고

봄기운 잉태한 생명 꿈틀거리는 시절
철길 위 하늘거리는 아지랑이

세월은 철마처럼 시간을 달리더니
천둥을 지나고 꽃길 동산 넘고

쏟아붓는 빗줄기는
정화의 진동 소리로 들린다

쌓인 먼지 털듯 맑아지는 가슴이 되어라
걸어가다 보면 무지개도 피어오르겠지

민심

바람 부는 길가에 나불거리는
출렁출렁 흔드는 민심

파도치고 넘나들며 흔드는
흥분의 나팔 소리
호각 소리 부추긴 춤사위

바람개비가 부는 바람에
돌고 돌다 비웃는다

나팔수들 잠잠하라
그 바람이 너를 삼키지 못하겠지마는

거리의 곡예사 요란한 북소리
평화를 받들어라.

비가 내리면

비가 내리면 좋다 싫다
말없이 온몸으로 마시며
젖어드는 숲속 나무의 행복

인간만이 우산 받쳐 쓰고
고마움보다 투덜대기 일쑤

빗방울이 속삭이며 내 마음
두드리는 소리마저 명쾌한데

새싹들의 희망은 푸른 초원이 되고
나 또한 비를 맞으며 웃는다.

생의 부활

한 방울 두 방울
빗물 방울 이어 떨어지듯이
바닥 깊은 곳을 채우고 적시었다

그렇게 봄부터 채우는 것들
부화한 올챙이 개구리 소리 담기고
매일 아침 까치 소리 담기고 채워져
채색된 그것들은 소음이었다

그러다가 내 인생에 바람 불어와
모닥불 지피더니 훨훨 타오르고
모든 흔적을 태워 쓸어버리는 이 불길은
인생의 사계 희로애락의 사연들이다

부서지고 깨어져 환희의 송가가 흐르고
삶 속에 담긴 것들 흔적도 없이 사라져
그렇게 부활의 여인으로 살아갑니다.

숲속의 요정 같던 날

숲 진 오솔길을 거니는 연인
날 보러 오시오 나 좀 보아요

호랑나비 한 쌍 부부 되어 춤추는
행복한 나비 연인은
허공중에 떠가는 구름입니다

숲속에 나타난 요정처럼 발 추리가 붕 뜬 채로
구름 거친 햇살 맞으며 감춰둔 먹빛 잊고서

오랜 기다림에 오늘은 요정이 되어
분홍 구름 양탄자 타고 숲길 거목 사이에서
가슴을 열었습니다

홀로 가지 않으리
속리산 숲 든든한 거목 손 함께 잡고
춤추는 나비부인이 되었습니다.

여름날의 하루

숨소리 가득한 땅
누가 먼저인지 살아있는 것들은

벌레와 부지런한 각양의 새들 지저귐
새벽잠을 깨운다

간밤 그토록 고요하더니
일제히 서로 인사하며 합창한다

나 여기 있노라
멀리서 가까이서
하모니 하나일세

앞뒷산 숲 매미 소리 요란하고
하늘엔 뭉게구름 둥둥 그늘막 쳐주다가
갈 길 유유히 가버린다.

일어서리라

밤을 지나며 뒤척거리는
불안 뒤로하고 새날을 맞는

가슴아 이 가슴아
외로움이 눈을 뜨게 한다

그리움이 쌓인 만큼
울림이 깊어가지요

서리서리 묻어놓은 지난 세월
국수 말아먹고 삭혀둔 식혜처럼
영혼아 내 영혼아 너는 알지 않니

내 청춘 앗아간 그날들을 딛고
나는 오늘 또 일어서리라

초여름 비와 함께

촉촉한 안개비 쪼르르 쪼르르
차창을 타고 연거푸 미끄러진다

바람결이 만들어주는 미소같이
차창 밖 가냘픈 풀잎들도 간지러운 웃음
우리 비 님 얼마 만이야 인사한다

후드득 유월의 오후 차창 밖의 비
몸 기대어 어디론가 가고 있다

안개비 구름 속을 미끄러지듯
돌아서 돌아서 고갯길을 넘는데
힐링 음악 쪼르르 흐르는 아낙네 심정

향내 나는 여인

나는 어느 날인가 꿈속의
시인을 만나게 되었다

소리도, 생각한 바도 없는데
그는 나를 향해 香處 없이
향기 나는 여인이었다 합니다

그는 내가 품어내는 향기에 취해
다가와 손을 건네며 잡아갔습니다

나에게서 혼처魂處 없이
혼을 앗아간
행운이었을까 생각했습니다

항상 곁에 계신 존재의 흔적 없는
오감이 아닌 향기로운 당신은
나에게서만은 시인이 따로 없습니다.

5부

객

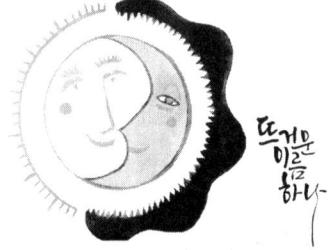

객

어둠이 깔린 새벽길
정류장까지 종종 잰걸음으로
올라탄 텅 빈 첫차

썰렁한 버스 안엔 기사님과 나뿐
적막감마저 감도는데
처량한 빗방울이 차창을 적신다

새벽 빗속을 달리는
버스와 외로운 승객은
하루를 다지는 마음이 결연하다

빙– 빙빙
정해진 하루를 가야만 하는 생존의 터
아직은 의연한 버스의 경적소리 못 들은 척

딸의 이름을 부른다
기운을 다 우려내
아니 갈 수 없으리

그리운 사람아

어둠 안고 긴 밤 짧게 지샌
그 캄캄함

더듬이 세워 띄워 보낸 그리움
해 뜨는 아침 빛이 되어 옵니다

맑은 사람아
빛의 사람아

새봄 싹 틔워줄 빈들에
쌓인 눈 녹여줄
태양같이 덮어줄 따스함

세우고 만들어
함께 가야 할 나의 고향 별
그곳이 멀지 않아 손짓한다

그 사랑 함께한다면
사철 푸르른 한 쌍의 착한 양으로
당신에게 가고 싶습니다.

나들목 갈대밭

나들목을 지나야 하는 출근길에는
작은 천이 있어서
갈대들이 모여 사는 모습을 본다

출렁이는 고속도로 차량의 진동 소리 들으며
물보라 춤을 추듯 자신들을 연출한다

공존의 속삭임 나부끼는 멋진 장관
잠시 스쳐 지나지만
차창 밖을 넋 빠진 채 바라보면

너희들 밑바닥 뿌리까지 하나로 엉켜
생존하는 그 자생력에 힘을 얻는다

동토의 마음에

얼어붙어 서릿발 치솟는
깊은 동토의 마음 아는가

굳어버린 땅들아
하늘 기운을 받아들여라

너의 동토에 새봄 준비시켜
사랑이어라

그리고 자유를 얻어라

물빛 하늘

에메랄드빛 얼굴로 화장하고
하늘이 웃고 있다

구름 몇 점 새의 깃털 달고
바람 타고 흐른다

청정한 시냇물 한가운데
창공이 펼쳐지는 조각구름 물결이다

이처럼 내 마음도 그리움을 타고
물드는 가을빛 감싸 보듬는다.

바람의 사연

그대는 왜 바람인가

그리움 가득한 바람으로
불어와 주며
싣고 오는 만 가지 사연

그대 없이 숨이나 쉴 수 있을까
우주가 바람이 되어 생긴 너
사람을 울게도 하고 웃게도 하니

조화롭게 몰고 오는 인연
꽃 배달 싣고 온 향기 그윽한 손
가슴 설레게 하는
바람이기를 소망하네

삶이여

조건 없이 주시는
그 사랑의 빛 내림이
지금 여기 무형의 빛 내림이

태고를 딛고 여기 서성이는 오늘
나에게 고난을 바꾸어
내일 행복지게 하시며
또 모레가 되게 해 주시리

새날들을 창조하시는
새 꿈의 풋대 향한 걸음걸음
언제일지 모를 너를 안고
석양빛 불꽃 향연 타오르게 하리라

새벽을 열고

간밤에 설친 잠 때문인가
삶의 중압감이 어깨를 누른다

여전한 일상으로 이어 달리는 새벽 버스에
몸을 얹고 밝아 오는 태양을 꿈꾼다

하루를 개봉하듯
매일의 새벽을 열며 간단없이 간다

손목의 시계 초침에 시선을 맡기고
우주도 너처럼 돌고 있는 내력이리라

나도 너처럼 돌고 돌아 지금 여기
지구의 끝을 향하여 가고 있구나

소금이 되기까지

염전의 뙤약볕소금이 되기까지
부딪치는 파도 소리 요란했었지

상념은 너를 창조한다
거품 꺼지듯 핫바지 방귀 새듯
허망치 않게

생각 습관 길 잘 들이면
예술혼 살려내는 혼연일체
말하는 대로 창조 되리라

안된다 어렵다
힘들다 죽겠다는 말보다
더 잘 될 거야

행복할 수 있는
내 인생 은혜의 바다가 될 거야

소년에게서

소녀의 마음에 와닿은
순진무구 상냥한 한 소년은
너무 멋지다 못해 안아주고 싶었다

소년이 소녀에게 내미는 손은
천사의 에너지
그 소녀의 행복이었다

마음은 한없는 솜사탕이요
소녀의 가슴 훔쳐 갔구나

시원한 소나기

뜨거운 태양의 손이
다리미질한 듯 달구어진 대지

그늘 밑 견공마저 혓바닥 늘어지고
땀방울 뚝 뚝 떨어뜨린다

잠못 들게 한 그놈 열대夜 날려준
간밤 소나기의 고마움
못된 놈 혼내준 기분이다

온몸을 샤워하고 나니
쫓겨난 놈 속 시원해서인지

시끄럽게 굴던 한 밤 매미들도
꿀잠에 고요해진 새벽이다

시인 바리스타

치솟는 시어의 기운이
오늘 아침을 장식해 주니

조각구름들이 모여 형상을 만들듯
순간 스치는 시어들이 날아갈까

구슬 꿰듯
시어를 다듬다가
깜짝 놀랐다

"장사 안 해요?"

손님 얼굴 보니 화난 표정
5분 인내의 한계

아, 아, 잠시 죄송합니다
무엇을 드릴까요

진한 커피 향 흐르는 카페의 하루는
이렇게 여울지는 나의 터전이었다

에덴의 불꽃

땅에, 하늘에 그려 보고도
어디에 있습니까 사모하는 마음

햇살 비치는 아침의 창
하늘이 되고 싶어 맑은 하늘길 거닐며
시간도 공간도 흔적 없는 바람이어라

당신 모습 간 곳 없고
깃털처럼 무게 다 빠져 실바람도 없는
벗어버린 에덴의 빛이여

바람 구름 비 다 씻긴 불꽃이어라

님은 그곳에

알 수 없는 그곳
사진 속 빈 의자

바람을 부여잡아
주인인 당신을
기다립니다

앉아 있어야 할
그 님, 그 사람은 어딜 가고
한마디 말도 없이 빈 의자만
덩그러니 흔들흔들

외로움을 더하는 알 수 없는 그곳
홀로 날으는 외로운 저 갈매기가
날갯짓하는 그곳

창공을 넘어

끝없이 펼쳐진 파란 가을 창공은
들녘의 노란 가을빛 감싸 안고
흐르는 새털구름 무리 지어 가네

만물상을 그린 병풍이어라
흐르는 저 구름
발이 없어도 잘도 간다

하늘을 이고 서서
넋을 잃은 나

해 해 년 년

멈추지 않는 강물의 흐름
오고 가는
알 수 없는 인생사여

무르익어 쏟아지는 낙엽 밟으며
돌아본 추억의 세월

허망해하지는 말아라
육체가 소리 내어 속삭여준다

인생의 봄을 보내고 여름 지나
가을마저 속히 가면 회색 겨울이 와
한 바퀴 도는 것이려니

나는 해 해 년 년을 돌고 돌아
지금 여기 있구나

6부

4계가 다 좋아

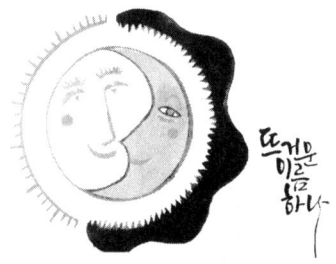

4계가 다 좋아

겨울은 겨울대로 좋아
봄을 위한 휴식이 있어서

봄이 더 좋은 것은
겨울을 견딘 꽃들이 있어서

여름이 좋은 것은
열매를 맺어주니

가을이 좋은 것은
생산된 기쁨이라

사계가 돌아가는 아름다운
자연 속에 우리는 풍경

겨울 인내

앙상하게 마른 가지 사이로
삭풍이 불면
켜켜이 쌓인 얼음덩이 맺히고
심연은 떨고 있었지

견딜 수 없이 찢어지는 고통
그때에도 너는
겨울의 인내를 배웠지

새봄 꽃비를 기다리며
가지에 붙은 산수유 꽃망울 되어
가슴 태우는 청춘이었지

꽃 미소

봄여름 가을 겨울 산야에
환한 꽃들의 미소
천하 대지를 행복하게 하는 미소
철 따라 우리가 선물 받는 미소

수채화 병풍 되어
온 마음에 행복을 주는 미소
물物을 사랑으로 피어나게 하는 미소

아무런 조건 없이 마음에서 마음으로
활짝 피어 퍼지게 하는 미소입니다

메밀꽃밭

은은함을 자아내는
새하얀 메밀꽃이 그리워진다

애타도록 기다리던 봄날의 꿈처럼
그 여름이 가고 코스모스 필 무렵
새하얀 네가 친구 같구나

은빛 백금인 양
달빛에 온몸 적시고

끝없이 펼쳐진 메밀꽃밭에서
그에게 가고 싶어 그리어본다

무지개 언약

구름들이 모여서 쏟아지는
번개 비 광풍 지나고 나면
희망 가득한 일곱 빛깔 둥근 무지개는
우리에게 주시는 언약입니다

생명의 빛입니다
속박의 깃털 옷 털어내 벗어버리고
자유를 얻으라는 언약입니다

순수 무결한 음양의 조화로운 꽃처럼
아름답게 피어나라는 언약입니다
영원한 평화로움으로 피어나는 언약입니다

가슴의 선율로 울려 퍼지는 언약입니다
오름의 은빛 사랑 온몸 찬란한 빛의 향기로

바다의 교향시

흔들리는 밤바다의 교향시
파도여 울지 마라
네가 울면 슬프고 멍든
내 가슴도 흐느낀다

바람 소리마저 창문에
서럽게 부딪치며 흔들어대는구나
가는 쓸쓸함 이 차가운 밤을
덧없이 흘려보낸다

내일 또
하얀 이슬 맺혀 흐를 것이니

봄밤의 소야곡

봄기운 가득 싣고 밤비가 내린다
후두둑 후두둑 창문을 노크한다

한밤중 누가 서 계실까
순간 숨까지 가다듬고 열어보았다

반가이 손을 내밀어
악수하듯 몇 방울 적셔본다

애수 깃든 낙수 소리
소야곡처럼 밤을 적시고

봄밤의 추억

봄날의 늦은 한밤 아련하게
젖어보는 옛 추억

문 두드리는 소리에
까부는 동네 총각인가

없는 추억을 몽상처럼 그리며
하염없이 흐르는 밤이여

심장 소리 요란한
소녀의 옛 추억 아련하구나

어둠을 딛고

휘감고 있는 황량한
회색빛 광야를 걸을 때
넘실대는 파도에 붙잡히지 마라

다리가 휘청대며 흔들거릴 때
정신 줄 놓치지 않게 하여라

그래도 걷고 또 걸어 걸음아
숨을 쉬며 너의 모습 잃지 마라

어둠은 잠시
새벽이 오면 사라지리라

님의 눈길

동쪽 하늘의 해님 떠오르는 때
가슴의 숨결이 요동칩니다

아침은
행복으로 단장하는 하루를 살며

호숫가 반짝이는 물빛처럼
눈이 부시도록
내 영혼에 생수를 주소서

어두운 그림자 사라지고 온몸 밝게 비추는
님의 눈길 언제나 내 가슴에 있습니다.

7부

개구리 꿈

개구리 꿈

얼어붙은 땅 밑 겨울잠 속에서 숨을
죽이고 개구리는 꿈을 꾸었습니다

긴긴 비전을 생각했습니다
자신을 올챙이 시절부터 되돌아보며
시냇가에 왕성했던 청춘의 이야기까지

움츠리고 고개 숙인 혼
잠자는 고독한 시간
내 생명을 꿈꾸는 이야기

냇가에 풀어놓고야 말 아가들의 씨 생명
배태시켜줄 왕 개구리를 만나고 싶은 파란 꿈

봄의 전령들에게 전하려는 꿈 이야기
입춘 지나 경칩은 그렇게 고독한 개구리의
희망을 싣고 오는 봄 이야기입니다

고향길

찾고 찾아서 가면 갈수록
지치지 않게 하소서

두드려 열린 문을 향해 갑니다
한 걸음씩 걸으면 오묘함이 더해갑니다
길목에 서성이며 묻고 답을 찾아갑니다

무의미한 인생길이 허망했습니다
유의미처럼 착각하며 열정을 내었습니다
내게 더한 것은 허망한 요설들이었습니다

가슴은 텅 빈 채로 남았습니다
채움보다 덜어내야 한다는 것을
나중에야 알아차렸습니다

원천이 있음의 자리
그곳 고향길을 찾습니다

꽃 피는 마음

한겨울 풍상을 이겨내고 일등으로
치솟는 산수유는 꽃같지도 않지만

그의 끈기와 용감함은 내 눈에 비친
화려한 매화보다
나를 닮은 듯하여 더 사랑스럽고 정이 간다

여러 가지 꽃, 꽃마다 푸르른 옷 꺼내 입기 전
예쁘고 화사한 얼굴 먼저 내밀고
겨우내 지친 세상에 웃음꽃 선물한다

내 고향 초정리 샘

세상사에 시달려
지친 몸 쉬어가기
딱 좋아 찾아왔네

한 모금 마셔보세 초정리 샘물
아, 시원 톡 쏘는구나
몸까지 담그니 정신 줄 도네
정무에 지친 임금도 쉬어가신 샘물이라네

옛이야기 전해오는 역사의 샘터
동방에 소문난 치유의 샘물
구름 걷힌 쉼터 찬란하게 빛나네

눈 밟으며

가로수 가지마다
소복을 입은 여인의 고요한 자태

가신 님을 추모하는 여인을 연상하는
주책스러운 청승일까

눈 덮인 사연이야 많고 많겠지만
싸늘히 식어가는 한스러움으로

먼 나라일지 어딘가에 있을지
그에 대한 생각에 잠긴 발길로

발밑에서 들려주는 소리
아버지 흰 고무신 눈 밟는 소리에
내 혼을 가다듬는다

눈 덮인 산자락은
어머니 광목 앞치마

뜨거운 이름 하나

품에 안고 놓지 않는
뜨거운 이름 하나

영원까지라도
식히지 않겠습니다

심장을 포개어
콩닥콩닥 환희로 춤추는

하얀 겨울 지나도록
그 이름 부여잡는

거친 광야 여정의 끝자락
멈추지 않을 이름입니다

빛이여

높은 산마루에
걸터앉은 구름을 보았다

구름은 흘러가다 지친 듯 멈추어
산자락에 앉아 놀고 있다

태양은 너에게 빛을 감추고
온 산은 어둠으로 가득하구나

네가 산일지라도
구름 하나 거두지 못하는구나

얼어버린 산인들
태양을 이기려고 하는가

오, 빛이여
당신은 하늘입니다.

思慕 曲

해는 하늘을 가리지 않는데
세상을 가리고 덮는 것은
흐르는 눈물입니다

적시는 눈물로 무지개를 심었습니다
희망 안고
당신 팔에 감기어 안식하렵니다

당신의 침묵 속에서 흐르는 내 눈물
비가 되어도 연잎으로 만든 옷을 입고
당신이 오시길 가만히 기다리렵니다.

님의 불

마음은 항상 그러하지요
몸은 청춘이 아니어도 그러하지요

화려하지 않아도 그러하지요
은은히 곱게 타오르는 불꽃이여

가슴속 모든 구름을 사르고
태양빛 꽃을 피웁니다

꽃이 된 당신의 이름으로
숨 쉬는 가슴속 님의 불이여

홀씨처럼

나는 아직 봄을
보내지 못하고 있습니다

민들레는 홀씨처럼 날개를 달고
앉을 곳을 찾아 날아가듯
나는 사랑을 찾아가려 합니다

가을을 기억할
생명의 씨앗 심을 터를 찾아서
그려보며 또 그려 봅니다

누구의 밭이라도
바람은 쉬지 않고
불고 있어서 갈 수 있습니다

흐르는 인연

시냇물은 혼자서 가지 않고
조약돌을 씻기고 닦아준다

그렇게 만들어진 수석의 말 없음은
제 몸 그려낸 온갖 형상들로 이야기한다

바람개비 돌리는 신난 실바람 흘러
생각이 회전하듯 인생도 회전한다

너의 생각이 강물처럼 흐르게 하라
둑을 쌓아 가두지 마라
나는 그렇게 흘러 지금 여기 있으니

푸른 초장의 하루

목마른 사슴처럼 애타게 밀려오는 마음
홀로 남겨진 그리움에 고개는 창밖을 향하여 있다

오늘은 애들이 오려나
둥지 떠난 자식들 기다리다가 지쳐가는 삶의 끝자락
할머니, 할아버지들 모습 속에 보이는 그림자다

가물거리는 까마득한 기억 한 자락 퍼즐이 맞지 않아
앞뒤 없는 이야기는 무슨 말인지 난해하다

흥얼 흥얼 좋아하던 옛 노래도 불러보고
희미한 옛 시절 님의 그림자 더듬어보다 혼자 웃으신다

배 고파 칭얼대며 눈물 흘리던 어린 시절 보릿고개 사연도
돈 많이 벌어 아웅다웅 좋았던 시절
그들만의 토막 이야기 들어주는 돌보미 요양보호사의 일과

이곳 푸른 초장에서의 하루하루가
식어가는 삶의 끝자락이 무엇인지
도리어 큰 배움의 시간이라는 것을 알았다.

8부

가로수의 속삭임

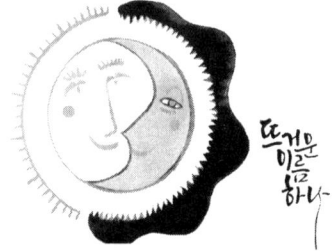

가로수의 속삭임

뜨거운 빛을 머금은 잎새들이
속삭이며 서로를 격려한다

바람 불어도 우리는 이대로 하나 되자고
몸이 하나, 가지마다 달린 우린 하나

잎새의 합창을 들어주세요
차창 밖을 내다보니 스치는 가로수길에서
들려오는 저 소리가 마음 끌리게 한다

잎새들의 이야기는 이어진다
우리 전체는 하나의 몸 전부라고
얼굴, 그 마음이 하나가 된 것이라고

우린 가로수길 합창단이야

기운을 차리고

싹 틔워주는 봄빛 기운 돋우며
천둥번개 사나운 바람을 거쳐서
만물을 자라게 하듯이

생명의 기운은 지난 가을 들국화에게도
코스모스에게도 한들한들 이름을 주었다

야생의 벌, 꽃들이
자신을 피워내도록 기운을 주었구나

바람이 너를 스칠 때도
비에 네 몸 적실 때도

때마다 근기根氣로 견딘
내게도 웃는 계절이 오면
들판에 꽃을 닮아 살아보련다

독백

앙상한 가지에 달랑거리며
가는 가을바람 아쉬운 듯
붙들고 있는 잎새 하나를 보는 나
놓아버리지 못하는 것은 무엇일까

마음이 감춘 채 남겨놓은 것
그마저 털어내면 될 것을

말이야 바로 하자면 이상한 것이라고
아직도 대롱거리며 매달려 남아 있으니
널 어쩌면 좋으냐

뒤안길

딩동 당 팔딱팔딱 온 세상 휘젓던
발길로 청춘을 구가하며
뛰놀던 날들이 어제 같더니

그들 하나둘 어딜 가고
산중 무덤에서 절이나 받으랴만 여보게
그새 정신 놓으면 어쩌라고 침실살이 하는가

열매 맛보기 전 얼마나 고단했을까
한숨 절로 나지만 오늘도 웃는다

청춘은 먼 기억속 아련하게 가꾼 계절
한숨 머금은 어르신들 뒷모습은
가볍거나, 쓸쓸하거나

못 잊어

스쳐 지난 인연들 아니었지
잊은 줄 알았지만 잊히지 않는
생애 수 많은 기억의 조각들

바람 불어 머물다 간 자리에
남아있는 흔적

밝게 비추는 아침의 창처럼
환한 미소 같은 기억들도
꿈 같은 행복을 주는 사랑

묻어야만 했었던 이야기에
빗장 걸어놓아도 고개 내미는

네 생각을 무덤이 되도록
잊으려 했다
그 또한 사랑이었으니

묵은지 이야기

겨울이 깊어지면 마음도 깊게
감추어지는 것은 무엇 때문일까

김장해놓은 배추김치 한 포기 꺼내어
먹는 그 맛을 즐기려 하는가

꿈틀대는 봄 오기 전
꽃 이야기 시작되기 전
김장해놓은 것 꺼내 무엇하려고
그건 그대로 삭히고 있었다

간직했던 꿈 이야기 누구에게 들려줄까
오래오래 삭히어 온 묵은지
김장 이야기 펼쳐낼
나의 서사시 들려주고 싶다

서성이는 여인

사람들이 오가는 길목에 서성이며
저벅저벅 빗물 튕기며 걷는다

비 맞은 무엇처럼
홀로 휘파람 불었다

바람의 님과 젖어도 빗소리 따뜻한 아침
나 왜 이러고 서 있지 아침 댓바람에

비 오는 아침 행인들과 나는 동떨어진 채로
대중 속에 비 맞은 외로운 한 마리 새였다

영원한 꽃

영원으로까지
피고 싶어 웃고 있습니다

슬픔이 눈물 되어 흐르던 날에도
다 씻어내고 곱게 핀 한 송이 꽃 되어
웃고 있겠습니다

사랑하는 님이여
어둡고 희미한 동굴 속 빛 찾듯이
안개도 걷어내고
환한 미소 짓는 여인으로 살고 싶습니다

당신 앞에 보여 드리겠습니다
빈들에 홀로 핀 꽃이어도
님이 있고, 없어도
활짝 웃는 꽃이고 싶습니다

외로운 여인

서리맞은 잎새들이
베베 꼬이고 말라비틀어진 채

볼품없이 밟히는 낙엽 지는 거리
길손은 어디를 향해 고개 드는가

스쳐 지나간 세월
아쉬워 한숨을 짓는다

삼라만상이 찬바람 맞으며
서글픈 듯이 다가올 겨울
헤아리며 서 있구나

농부의 손길 멈춘 논에는
흰 포장 씌운 뭉텅이 볏짚도
먹이가 되려 누워있는데

꼬이고 서글픈 심사 어이할꼬
외로운 여인이어라

요양 보호사 일기

하루의 시작은 끙끙대는 어르신들의
양태를 자상하게 살피는 잰걸음으로 시작된다

여기저기 오만 군데 아프시단다
뼈마디 삭신은 어린 자식들 키워내느라
살림살이 어떻게든 늘려보려고 애쓰며 만들어진
일기장 기록이라고,
굳어버린 뼈다귀 삭신이라는 하소연에 귀 열고

상담사 정신과 의사가 따로 없는 나날들
요양 보호사는 의사도, 상담사도 아니지만
자신을 돌보듯 자상히 한 분 한 분 내 부모라
생각하니 차라리 마음이 편해진다

어르신들을 위한 삶이라는 것은
하루 다르게 쇠하여 가는 모습들을 관찰하는 심정이라니
머지 않아 닥쳐올 내 이야기임을 듣고 살아낼 일이다

우산

하염없는 빗물에 우산을 적시며
등을 돌린 싸늘한 자화상

마음을 적시는 슬픈 비가
애타도록 그치지 않았습니다

빗방울은 온몸에 젖어 들어
무심한 마음 한스럽게 합니다

그렇게 걸어가는 나를 향해 살며시
다가온 그대의 손길

우산 받쳐주며 닫힌 빗장 열고
햇살 내리게 합니다

편지 한 장

가을 찬바람 불어오면
공원의 작은 새들도 나무들도
푸른여름 옷 갈아입는다

싸늘하게 식어가는 마음을 접고
나는 너희들에게서 변화를 배운다
내년에는 또다시 돌아오겠지

이 가을 가슴 깊은 곳에 품은
편지를 한 장 꺼내 들고
사랑하는 그 님에게 가고 싶다

9부

古稀에 쓴 시집

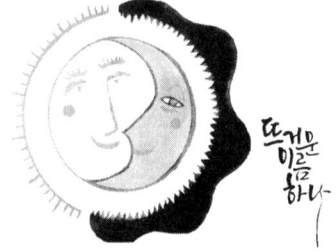

古稀에 쓴 시집

저녁 서쪽 하늘 불꽃처럼
물들이고 싶지 않은 노년이 있으랴만

쌩쌩하던 찬란한 일출만을 상상하였지
더 많이 더 크게 황홀한 황혼

나 지금 저물어가는
노을진 마음
청춘을 되돌리고 싶어라

너의 넋을 비틀거리지 않게
백세시대 멈춤 없는 발걸음으로

둥글게 둥글게 고장 없는 시계처럼
둥근 해와 달처럼

황혼이 황혼 아닌 채로
다 태우지 않는
영원한 불꽃이어라

늙지 않을 자화상

마음이 만들어주는 몸
이곳저곳 오만가지 아파지는 몸 타령
오는 늙음 가는 세월을 탓하랴

몸부림으로 지새는 마음보다
또 오는 새봄을 꿈꾸며 사이다를 마셔라
봄의 꿈이 생각을 만들어주리니

내 생각이 내 마음을 만들고
내 마음이 내 생각을 만들어주나니
늙지 않을 자화상을 그리자

바람결 잎 사이

고요히 잎들 사잇길 내며 흐르는 바람
훈훈하게 마음과 마음 스치며 흐르는데

그림자 진 마음에 스치는 사잇길 바람
숨을 쉬어가라 하네요

생명의 숨 순환의 바퀴 돌아서
사이사이 이어주는 바람이어라

서로를 물들이려는 바람결 잎 사이로
따스한 햇볕 가져와 붉게 하는 바람이구나

백합꽃 당신

성녀처럼 빛나기를 바라시오

마음에서 하나로 빛나는 청순한
그 꽃을 그려봅니다

동정녀처럼 빛나는 꽃이
내 안에 있습니다

주님이 내 안에서 생명이 되셨으니
나 또한 동정녀같이 꽃이 되렵니다

고이고이 피어나는 청순한 꽃
당신의 재단에 드리오리다

사계의 자화상

인생의 계절마다 그려내는
너의 화상
성공자는 성공의 빛깔을,
패자는 자신의 패인을 그린다

인생의 봄을 어떻게 그릴까
인생의 여름을 어떻게 그릴까
여름을 지내온 자화상은 어떠합니까
가을은 여름에 따라 그려질 것이니까

겨울이 오기 전
자화상의 가을빛 풍성한
황혼의 새벽 맞이하여라

삶의 수레바퀴

봄이 가지고 오는 것
여름이 가지고 오는 것
가을을 거두게 되나니

겨울을 지나는
생의 순환고리

바람이 불면 불어오는 대로
비가 오면 내리는 대로
눈이 오면 날리는 대로
춥다 싫다 하지 마라

인생사 의미가 그 속에서 나오더라
동서남북 생과 사를 잇는 계절에
웃었든지 울었든지
그것은 스쳐지나는 바람이었더라

새 아침의 노래

곤한 잠 깨우는 노래 한마당
냉장고 열어 청량음료 한 모금 마시듯
시원한 너의 노래를 마신다

지저귀는 하모니 합창 소리
아침 연주가 시작되면
닫혔던 눈꺼풀이 올라간다

한밤 놓아버린 정신 줄 찾아 이불 개키고
너희와 함께 시작하는 하루의 일과
새들의 이야기 들으면
나도 한 마리 새가 되리

세월은 어머니의 강

팔을 뻗어 끌어안고 흐르는
시간의 강물은
나를 기르는 어머니의 품

몇 생을 살아왔으나 새롭게 흐른다
내 영혼이 들어올 때보다 나아갈 때

그 세월이 나를 놓아주려 하지만
강물에 빠져 허우적허우적
그것을 알 때 허무를 노래한다

세월의 강물에서 허우적대지 말고
너를 기르는 생명의 강물임을 알아라
나를 길러준 어머니의 강

속리산의 가을 행진곡

꽁지 치켜세운 속리산 청설모
콩 콩닥 촐랑이는 다람쥐도
도토리나무 상수리나무 밤나무 사이사이
힘차게 이리저리 뛰며 날개 펴고 날으는 날다람쥐

잰걸음 양식을 모아 겨울나기 구멍 채우고
가족을 먹여 살리려고 한입 가득 알토란
알밤 머금은 입 실룩실룩 눈가엔 미소
속리산의 가을 계곡을 누비는구나

시인의 뜰

시인의 뜰에
나비 한 마리 날아왔습니다

무엇을 찾아 여기 앉아있나
하얀 달님을 찾아왔나

낮에 나와 웃고 있는 저 하늘의 달
나비는 그렇게 나에게 말을 걸었다
저렇게 닮은 별이 될 수 없을까요

달달 무슨 달이든
태양을 받는 달이 되어라

쓸쓸한 날에

쓸쓸한 날은 누구에게든
편지를 쓰고 싶어진다

딩동댕 디지털 스마트 워치
시간 맞춰놓고 움직이는 쳇바퀴 삶
상상 못할 쓸쓸할 시간이 있었는가

숲속 밤나무 알밤 한입 가득 문
다람쥐같이 바쁜 나날들
내 인생은 그렇게 굴러가는 날이다

가을이 오지 않는 여름뿐인 내 인생
그러한 날은 무심히 가고 古稀라니

이제 없는 길 찾아 나선 과객 되어
지금 가야 할 길을 찾아 가노라

익어간다

사람은 옷깃을 여미고
너희들은 하둘 씩 푸르던 그 옷
노란 걸음 걸음마다 벗어 날리는구나

가을 하루가 얼마나 아쉬운지
들녘에서 불어오는 여무는 곡식 낱알들의
마음을 채우니
아, 가을은 익어가는 계절

아쉬움보다는 위안으로
함께 익어간다네

태풍이 불면

작은 바람이 태풍 되어
대지를 휘감아 몰아치면
심연 거친 숨결 뒤집고 흔들어댄다

단단히 다진 마음도 흔들흔들
뒤집이 당한 벽장 속처럼 튀어 오른다

놓치고 말면 아니 되려니와
오염물들 씻고 닦아낸 심보

대해의 깊음같이 심연은
또 다른 나를 숨기기 급급하다

검푸른 사나운 속 숨을 쉬고
속 차리게 하려 들통 낸
태풍은 그렇게 몰아친 그것.

김동순 시인의 제3 시집 출간에 바치는 노래

청주, 봉명동 붉은 벽돌집 평범한 동네 아낙이 살고 있었습니다.
여느 아낙처럼 귀여운 외동딸을 키우고 있었습니다.
참으로 예쁜 외동딸 영미는 아가 때부터 아름다웠습니다.
그녀는 영미를 애지중지 키워 세계적인 바이올리니스트를 만들어내려고 그 유명한 뉴욕의 명문 "메네스 음악대학" 대학원에 재학시키고 있습니다.

예나 지금이나 음악 전공으로 미국에 유학 간다는 것은 매우 힘듭니다.
부모의 의지, 돈, 그리고 실력이 모두 있어야 가능한 현실입니다.
이 평범한 동네 아낙은 온몸을 던지듯 영미의 음악교육에 심혈을 기울였습니다,
아낙은 딸에 대한 불같은 열정이 결국 영미를 국제무대에서 성장하도록 세웠습니다,

동네에서는 매우 조용하고 얌전했던 여인이었지만 딸의 유학 뒷바라지를 위해 생활전선에 과감히 뛰어들었고 어찌나 조용한 성격이었는지 앞집에서 들도록 큰 소리 한번 안 내던 모습이 선한데, 동네 모임조차 소극적인 모습으로 정숙하던 그 아낙이 세월이 흘러 소식도 끊어진 채 지냈었는데

환갑이 넘은 나이에 시집을 낸다고 연락이 왔습니다.

  그냥 취미 문학으로 시집을 내셨구나 하고 생각했습니다. 앞집에 살던 필자는 평범하게 생각했습니다.
  그러나 시집을 열어보니, 이건 취미 생활이 아닌 작가의 참 모습을 보여주는 놀라운 언어의 향기를 품어내는 제1 시집 "진도 앞바다 달빛"은 진품이었습니다.

  그리고 출간기념회가 비 내리는 토요일 오후였던가 필자 내외는 오래전에 서로 동네 지인의 모임에 가듯, 동네 아주머니의 시집 출간회에 갔습니다.
  오랜 지인처럼 인사나 나누고 차려놓은 음식이나 먹으려는 필자, 그동안 어떻게 지내셨냐고 안부나 물으려 했던 필자는 비 내리는 날에 출간회에서 젖은 우산을 놓듯 시집을 받아 들고 충격을 받았습니다.

  진품이구나!
  구경하듯 시집을 열어본 나는 동네 아주머니 시집처럼 그저 대충 보려 했었지만, 시 한 구절 한 구절 속으로 빨려 들어가 놀라고 말았습니다.

  놀라운 시를 천천히 음미하며 읽어 내려가던 중, 귓전에 들려오는 바이올린 연주 '동심초' 이건 뭐지! 아! "동심초"! 그만 저는 눈물을 흘리고 말았습니다.
  "꽃잎은 하염없이 바람에 지고, 만날 날은 아득 타 기약이 없네"

여인의 딸 영미가 쏟아내는 기가 막힌 바이올린 연주는 눈물 자체였습니다.

영미가 연주하는 바이올린 음률이 울려 퍼지고 있을 때 순간 나에게는 절규하며 들리는 듯이

"위대한 나의 엄마를 사랑한다고" 필자는 울고 말았습니다.

시인께서 시집을 출간한다고 초청했는데, 그것은 단순한 시집 한 권을 증정 받은 것이 아니라 뜨거운 시인의 마음을 나에게 전하는 듯 선물하였던 것입니다.

필자는 대학 교단에서 30년 이상 석박사 논문을 지도하고 수정하고 심사했습니다.

그때마다 한국 사람들이 한국어를 너무 엉터리로 써서 늘 실망해왔었습니다.

어떤 박사 논문의 경우는 내용은 둘째고 우선 한국말이 되지 않아 속상했습니다.

그러나 "진도 앞바다 달빛"이란 시집은, 아무리 시적 표현이라 하더라도, 국어 문장이 오탈자 하나 없는 완벽 그 자체였습니다.

정말 평범하리라 생각했던 한 아낙의 시집에서, 한 여인의 딸에 대한 불같은 사랑이 이글거리고 있었음을 발견하고 필자는 얼굴을 데일 것같이 뜨거운 엄마의 사랑을 느꼈습니다. 그것은 詩라기보다는 영혼의 울부짖음 같은 외침이었고,

강인한 엄마의 기도 주문이었습니다.

"영미야, 힘내라! 네 곁에는 세상과 맞서는 엄마가 있단다!"

시인의 모든 작품에서 자연과 인생을 풍미하는 향기로운 단어들, 생활에서 타오르는 두려움 없는 용맹스러움, 그리고 삶에 대한 사랑, 힘들어도 버틴다는 초연함이 묻어나고 있었습니다.

봉명동 붉은 벽돌집 평범한 아낙이 바로 시인 김동순 여사입니다.

보통의 동네 아주머니가, 그토록 조용하고 얌전했던 여인이 이렇게 시적 영감이 풍부할 줄은 이전에는 미처 몰랐습니다.

이제 앞집 살던 저도 70을 훌쩍 넘었고, 김동순 시인은 제2 시집 "밤빛 수선화"를 내고, 70이라는 고희 기념으로 제3 시집을 내신다니 축하드리지 않을 수 없습니다.

70 이상을 살아온 필자는 이렇게 평가합니다.

김동순 시인의 언어는 매우 단순하면서도 만물을 관조하는 사랑과 정열이 살아있습니다.

그리고 꽉 잡으려고 하면 사라지는 눈송이 같은 그리움이 넘칩니다.

마치 막차 타고 떠나는 딸을 배웅하고 돌아 서서 서성이는 '엄마의 마음' 안타까움이 시 속에서 흐릅니다. 그녀의 작

품은 '좋은 시요, 멋진 사랑의 노래'입니다

　고희에 남기신다는 시인 김동순 님의 제3 시집은 놀라운 작품으로 우리 시단에 큰 영향을 줄 것입니다. 아무쪼록 김동순 여사의 시적 영감은 연륜이 더해지면서 이 시대의 주옥같은 작품으로 남기를 기대합니다.

충북대 명예교수 홍 성 후

시집, "뜨거운 이름 하나" 축하하며

내겐 누나가 두 분 계신다.

5살 터울로 올해 75세인 김정숙 큰누나와 70세로 고희에 접어든 둘째 김동순 작은누나다

충북 청주시 근방 시골 마을인 형동리에서 태어난 우리!

어린 시절부터 나는 두 누나를 무척 따랐다.

특히 작은 누나는 어린 내게 수호신 같은 존재였다.

초등학교 시절 나는 몹시 개구쟁이어서 학교에서 뜻대로 안 되면 무조건 작은 누나에게 쪼르르 달려가 자주 울며 보채곤 했다.

초등학교 1학년 때의 기억이 뚜렷이 남아 있다.

한 번은 담임 선생님께서 나무라시며 회초리로 때리셨는데 그게 하도 서러워서 곧장 교실 문을 박차고 작은누나에게 달려가 울며불며 매달리는 바람에 작은누나가 수업을 받지 못하고 우는 나를 5리 길 집에 데리고 간 기억이 생경하다.

그만큼 작은 누나는 어린 내게 큰 나무가 되어주었다.

고등학교 시절에는 청주에서 작은 누나랑 함께 자취 생활을 했다.

이 무렵 작은 누나는 어려운 여건 속에서도 늘 책을 가까이하면서 즐겨 읽곤 했다.

나는 책상에서 누나는 밥상을 펼쳐 놓고 서로 책을 대하

던 그 시절이 파노라마로 펼쳐지며 주마등처럼 떠오른다.

그 시절부터 누나는 문학에 소질을 보여 늘 글쓰기를 즐겨 했다.

편지로 써 내려간 누나의 글을 대하면 아름다운 한 폭의 그림처럼 가슴에 스며들어왔다.

그런 누나의 모습은 꿈 많은 문학소녀 그대로의 모습이었다.

그 후 누나는 청주에서 결혼하여 살았고, 나는 누나와 떨어져 서울로 상경하여 취업하고 결혼하고서 나의 역량을 살려 작가이며 컨설턴트로 살고 있다.

비록 떨어져 살고 있지만 나는 항상 엄마의 심성과 모습을 많이 닮은 작은 누나랑 이심전심 의지하면서 서로의 안녕과 행복을 빌곤 했다.

2014년 작은 누나에게서 연락이 왔다.

시집을 출간했다고.

출간된 처녀 시집은 『진도 앞바다 달빛』!

바쁜 생활 속에서도 문학소녀로서의 꿈을 고이 간직하고 깜냥을 길러 출간한 시집!

작은 누나의 인생 여정이 고스란히 묻어난 주옥같은 시들을 보면서 나는 가슴으로 울었다.

그 이듬해 누나는 두 번째 시집 『밤빛 수선화』를 출간했다.

연이어 시집을 출간한 누나의 가다듬어진 필력에 찬사와 존경을 표하면서 이젠 제3 시집까지 내는 성숙한 시인으로 자리매김함에 아낌없는 축하를 보냅니다.

나는 그런 누나가 자랑스럽고 존경스러웠다.

2021년 초 작은 누나가 살포시 카톡으로 노크했다.

이번에 세 번째 시집을 출간하는데 글을 몇 자 적어 달라고, 제목은 『뜨거운 이름 하나』

나는 경제경영 전문작가로서 지금껏 저술한 책이 약 60권 정도 된다.

어쩌면 이번 제3 시집 『뜨거운 이름 하나』가 고희를 맞이하는 누나에게 시인으로서 방점이 될 것 같다고 하는 말에 가슴이 먹먹해져서 일손을 잠시 멈추고 곧바로 축하의 글을 썼다.

제3 시집 『뜨거운 이름 하나』는 제목에서 시사하는 바와 같이 김동순 시인으로서의 필력이 돋보이는 시집이다.

누구나 영원히 가슴에 고이 품고 가야 할, 우리가 사람답게 살아가는 참 의미를 일깨우고 되새기게 하는 사랑에 관한 소중한 메시지다.

어느 사람에게나 품에 안고 놓지 않는 "뜨거운 이름 하나", 사랑!

나의 누나, 내가 존경하고 사랑하는 김동순 시인이 가슴으로 진솔하게 전하는 주옥같은 사랑의 메시지가 우리 모두에게 힐링을 선사하는 케렌시아의 장이 되길 기대한다.

시인인 작은 누나랑 분야는 다르지만, 문학의 공간에서 서로 가치를 일구고 공유하며 멋진 기억을 남기는 삶을 살아가는 진솔한 모습을 보이고 싶은 마음은 서로 동일, 누나가

소녀 시절 꿈꾸었던 나래를 맘껏 펼치는 멋진 시인으로서 이번 제3 시집 『뜨거운 이름 하나』을 출간함에 아낌없는 찬사를 보냅니다.

　작은 누나! 김동순 시인님!
　정말 수고 많았고 자랑스럽고 존경하며 진심으로 제3 시집 『뜨거운 이름 하나』 출간을 축하합니다!

김동범 작가

축하의 글

김동순 시인의 세 번째 시집 "뜨거운 이름 하나"을 축하하며…
耳順이 훨씬 넘은 문학소녀가 제 사업장에 열심히 일하시고 계셨습니다.
그분은 항상 해맑은 미소를 잃지 않고 센터 어르신들에게 사랑과 정성을 다하시는 모습은 동료 선생님들에게도 귀한 감동을 주었습니다.
나중에 알고 보니 순수시인으로 진정한 문학인의 길을 겸하고 계셨습니다.

첫 시집 "진도 앞바다 달빛"으로 독자들에게 회자되어 이름을 알리기 시작하시더니 이후 제2 시집 "밤빛 수선화" 또한 아름다운 이름을 남기셨습니다.

그리고 현재는 古稀라는 연세에도 불구하고 제3 시집을 출간하신다니 직장의 동료들과 함께 놀라움을 금치 않을 수가 없습니다.
노익장을 발휘하시며 삶 자체를 한 편의 시를 써나가시듯이 매일매일 문학인의 매력을 발휘하시는 모습을 목격하는 저로서 도리어 부러움과 함께 축하의 한 말씀을 올립니다.

꿈꾸는 소녀 같은 김동순 시인의 "뜨거운 이름 하나" 출간을 함께 일하시는 동료들과 진심으로 축하를 드립니다. 시집 출간 축하의 글을 몇 자 적다 보니 저에게도 꿈 많던 청소년기 추억 한 페이지가 소환되는 느낌에 기분이 좋아지는 시간입니다.

  나도 언제일지 모르지만, 문학 소년의 꿈을 이루어보고 싶은 소년이었다는 생각에 웃음이 나오게 되네요. 현재 한 공간이라는 일터의 환경에서 틈틈이 글을 쓰시는 시인의 모습을 보면서 저 자신을 접었던 문학인의 길을 걸어보고 싶다는 생각 말입니다.

  잊고 있었던 소년의 꿈이 다시 꿈틀거리게 해주신 김동순 시인께 감사하면서 더욱 건강하신 모습으로 어르신들의 돌봄이 시인으로 계셔주셨으면 좋겠다는 생각과 함께 다시 축하의 말씀을 드립니다.

                      푸른 초장 재가 장기 요양센터장 강인식

딸이 보내드리는 축하의 글

사랑하는 엄마!
세 번째 시집 출간을 진심으로 축하드립니다.
　오랫동안 시집 출판 준비해오신 엄마를 보며 엄마의 꿈을 향한 모습이 존경스럽고 특히 코로나로 인해 이 어려운 시기에 일도 열심히 하시며 자투리 시간에 시를 쓰시는 모습은 꿈을 향해 나아가는 사람들이 정말 본받아야 할 자세라고 생각합니다.

　내가 어렸을 때 엄마가 문학적으로 조예가 깊고 많은 문학 콘테스트에서 상을 받으시는 모습을 보곤 하였는데 지금은 시인이 되셔서 벌써 제3 시집을 내시는 모습은 정말 존경스럽고 자랑스럽습니다.

　엄마는 한밤중에 혹은 때와 장소를 불문하고 시에 대한 영감을 얻으면 조용히 메모하시던 모습이 선하며 고요히 시를 쓰는 모습이 생생하네요.

　이 딸은 전적인 문학인의 삶보다는, 음악인의 길에 정진하면서 어려운 유학 공부에 매진합니다. 여러 해 동안 멀리 타국 뉴욕에서의 학생인 내게 항상 용기와 희망을 주시는 엄마의 모습이 정말 대단하시다는 표현 밖에 그저 딸은 유구무언입니다.

얼마 남지 않은 유학 생활 마치고 엄마에게 보람을 안겨드리고 싶을 뿐입니다.

엄마! 우리에게도 항상 밝은 미래가 있길 희망하며
엄마, 건강하시고, 보고 싶고 사랑합니다.

사랑하는 딸 영미 올림

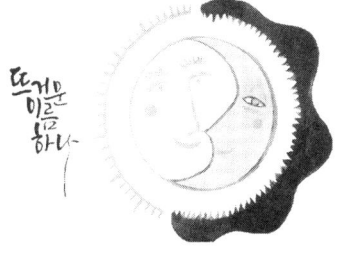

뜨거운 이름 하나

1판 1쇄 : 2021년 6월 7일
지은이 : 김동순
펴낸이 : 김정현
편　집 : 김정원

펴낸곳 : Gaon
주　소 : 경기도 부천시 길주로 460, 1106호(춘의동, 센트럴뷰)
전　화 : 032-342-7164
팩　스 : 032-344-7164
E-mail : kjsh2007@hanmail.net

출판등록 : 2011. 7. 14
ISBN : 979-11-90673-18-1(03810)
값 · 12,000원

무단 전재와 복제를 금합니다.
도서출판 가온은 농인聾人과 함께합니다.
잘못된 책은 본사나 서점에서 교환해드립니다